敦煌图案

敦煌历代精品
边饰·圆光线描图集

杨东苗
金卫东　编绘

浙江人民美术出版社

图书在版编目（ＣＩＰ）数据

敦煌历代精品边饰、圆光线描图集 / 杨东苗，金卫
东编绘 . —杭州 ： 浙江人民美术出版社，2016.8（2021.1 重印）
（敦煌图案）
ISBN 978-7-5340-5091-6

Ⅰ . ①敦... Ⅱ . ①杨... ②金... Ⅲ . ①敦煌石窟—壁
画—图集 Ⅳ . ① K879.412

中国版本图书馆 CIP 数据核字（2016）第 177303 号

责任编辑：雷　芳
责任校对：余雅汝
责任印制：陈柏荣
封面设计：刘　欣

敦煌图案 敦煌历代精品边饰·圆光线描图集

杨东苗　金卫东◎编绘

出版发行：浙江人民美术出版社
地　　址：杭州市体育场路 347 号
电　　话：0571-85105917
经　　销：全国各地新华书店
制　　版：杭州立飞图文制作有限公司
印　　刷：浙江新华数码印务有限公司
开　　本：787mm×1092mm 1/12
印　　张：13
版　　次：2016 年 8 月第 1 版
印　　次：2021 年 1 月第 4 次印刷
书　　号：ISBN 978-7-5340-5091-6
定　　价：78.00 元
如发现印装质量问题，影响阅读，请与出版社营销部联系调换。

前　言

　　敦煌图案的品种繁多，按不同的装饰目的和区域分类有：藻井、平棋、人字披、龛楣、圆光、服饰、地毯、家具、器物图案等。究其根本，边饰是构成以上图案的重要基本元素。

　　敦煌壁画的边饰有一个基本演进过程：

　　北朝时期的忍冬纹是石窟中最常见的装饰纹样，形式上有单叶波状、双叶分枝、四叶连锁等多种。其他石窟中未曾出现过的几何纹样，在敦煌石窟中则表现得极为丰富，有方格纹、斜格纹、菱格纹等。

　　人字披图案是北朝图案中最富于变化的，人字披图案绘在仿中原木构人字顶的两面斜坡上，如莫高窟四二八窟莲花忍冬纹人字披就能反映人字披装饰全貌。人字披是莲花和忍冬充分发挥的舞台，所有人字披都以莲花忍冬叶蔓为基础，枝蔓灵动向上，其间穿插着菩萨、飞天、化生童子、祥禽瑞兽等适合图案。纹饰自由舒展，在窟内营造出了青藤绕梁、仙人出没、祥禽凌空瑞兽攀缘的仙境。北朝图案抒放自然，纹饰疏朗简约，反复、流畅富有生气，神秘淡泊而拙朴是北朝图案的时代特征。

　　隋代边饰在北朝的基础上进一步吸取了中原文化艺术，并融合西亚艺术风格，内容不断创新，纹饰丰富、变化多端，形象趋于秀丽、自由活泼，善用巧思，渐有争奇斗艳之势。

　　连珠纹是隋代新出的一种纹饰，源于波斯。北朝时期西域的连珠纹已经被用于丝织品，渐渐被画师吸收进石窟，不论二方连续组成的边饰，还是四方连续构成的衣裙纹样，都成为以后纹饰发展的主要方向。

　　在壁画中，边饰起到了画面与画面的界限作用，它具有广泛的适应性，并可依建筑形式在石窟内根据绘制题材的不同，合理地分割组合墙面，为专题性壁画内容划分领地。

　　唐代边饰是丰富的，也是单纯的。言其丰富，是指唐代二百余窟，窟窟图案不尽相同，妙趣横生、巧变不绝。说其简单是结构规律大繁至简，唐代画师们能依据基本元素变化出千姿百态的花式，再"随心"组合成奇思驰骋的自由花边。

　　唐代中前期边饰有卷草纹、团花、一剖二团花。卷草纹花叶精细，叶纹随形翻卷，花边多由云头长叶连续构成。团花由桃形莲瓣纹与云头小叶组合而成。形象秀丽活泼，色彩明丽，富有洒脱俊逸之感。团花层次增多，有多裂叶形团花、圆叶形团花，还有两种、三种基本元素的组合形式，是团花最为丰富的时期。此外还有菱格纹、龟甲纹、百花蔓草、方胜、方璧等。

唐代中后期，边饰艺术有了进一步的发展，以茶花纹、祥禽瑞兽为其特征，同时出现了迦陵频伽等新式纹样。唐后期的卷草纹无茎无花，只是叶纹叶脉翻转卷曲连续不绝，非常繁复。

五代、宋、西夏常用回纹、白珠纹，藻井的边饰中常用凤鸟卷草纹，对龙凤纹样的重视程度达到了前所未有的高度，象征着统治者政权的神圣威严。

圆光是雕塑或绘画中佛、菩萨、佛弟子头后面的圆形装饰图案，也叫项光、顶光、头光。是法力、智慧和威严的形象艺术表现。

圆光最早出现在地中海希腊神话故事的绘画与浮雕中，最简单的形式就是小天使头上的一个圆圈，代表光环。是区别神灵与凡人的身份符号，也是宗教起源的象征之一。

这种希腊文明特征被佛教艺术吸收后，最大规模、最精彩地被表现在了丝绸之路上的敦煌艺术中。

早期，是指北凉、北魏、西魏、北周在敦煌的统治时期（约 420 年到 581 年），这是敦煌圆光艺术的发轫期。和这时期的绘画特征一致，佛和菩萨的圆光都很简单，一般以单层、双层、多层，一层一色、套圈套色的形式表现。浑厚而拙朴，有着粗犷且一笔挥就的酣畅感。

中期，指隋唐五代。到了隋代圆光渐趋华丽，而唐代由于色彩、纹饰、布局的精益求精，圆光的样式也不断翻新，如莫高窟四四四窟由整铺团花构成，以葡萄、莲花为严谨的组合元素。二二五窟的黄底自由花边圆光，依其布局乍看似连续图案构成，细看则各处布局不尽相同，既不失平衡布局的稳重感，又有自由奔放的随意感。二一七窟是佛教内容壁画的代表作之一，窟内花团锦簇的圆光，集中体现了盛唐艺术风格，是圆光最为靓丽的一窟。

晚期，指宋、西夏、元，壁画的色彩由淡雅渐趋清冷，圆光的图案以对称的连续成分构成，显得平淡无奇。

藻井井心的圆形适合纹一般都是由多种纹样综合组成，圆形适合纹样有两种构成形式，一是十字形或米字形的交叉构成形式，一是圆形套圈层层向外辐射状。前一种结构把一个正圆等分成四份、八份、十二份等，然后在每一等份里经营出适应于其他等份平面的纹样，图形上具有对称、对应、相同、相似的特点。环形纹则有以圆点为中心的向心纹和离心纹，还有向心和离心间隔向外扩散的纹饰。

莫高窟及榆林窟在千余年的绘制过程中，留下了难以尽述、美轮美奂的图案装饰艺术。它给后人们留下的最大启示就是：人类有无穷大的想象力、创新力和适应力！

杨东苗 金卫东
2016 年 6 月

2

目录 CONTENTS

敦煌边饰线描图案

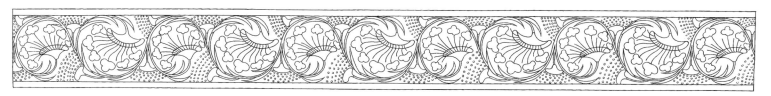

花絮边饰　莫高窟　二四八窟　北魏

花絮边饰（局部）　莫高窟　二四八窟　北魏

四神边饰　莫高窟　四三一窟　北魏

四神边饰（局部）　莫高窟　四三一窟　北魏

忍冬纹边饰 莫高窟 四三一窟 北魏

忍冬纹边饰 莫高窟 二五一窟 西魏

忍冬纹边饰（局部） 莫高窟 二五一窟 西魏

忍冬菱格纹边饰 莫高窟 二五一窟 北魏

忍冬菱格纹边饰 莫高窟 二五一窟 北魏

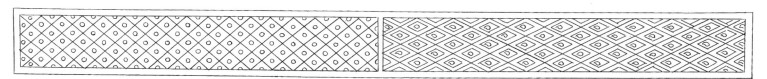

菱格纹边饰 莫高窟 二五一窟 北魏

忍冬纹边饰 莫高窟 二五一窟 北魏

忍冬菱格纹边饰　莫高窟　四三五窟　北魏

忍冬菱格纹边饰　莫高窟　四三五窟　北魏

忍冬纹边饰　莫高窟　四三五窟　北魏

忍冬纹边饰　莫高窟　四三五窟　北魏

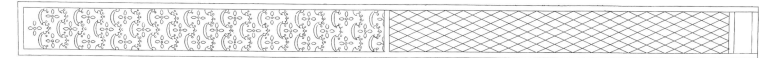

菱格杂花边饰　莫高窟　四三一窟　北魏

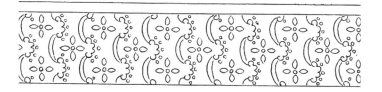

菱格杂花边饰（局部）莫高窟　四三一窟　北魏

忍冬纹边饰　莫高窟　二八八窟　西魏

几何纹边饰　莫高窟　二八八窟　西魏

千佛边饰 莫高窟 二九六窟 北周

千佛边饰（局部） 莫高窟 二九六窟 北周

忍冬纹边饰 莫高窟 二九六窟 北周

忍冬纹边饰（局部） 莫高窟 二九六窟 北周

忍冬几何纹边饰 莫高窟 四二八窟 北周

忍冬几何纹边饰（局部） 莫高窟 四二八窟 北周

忍冬纹边饰 莫高窟 三〇三窟 隋

忍冬纹边饰（局部） 莫高窟 三〇三窟 隋

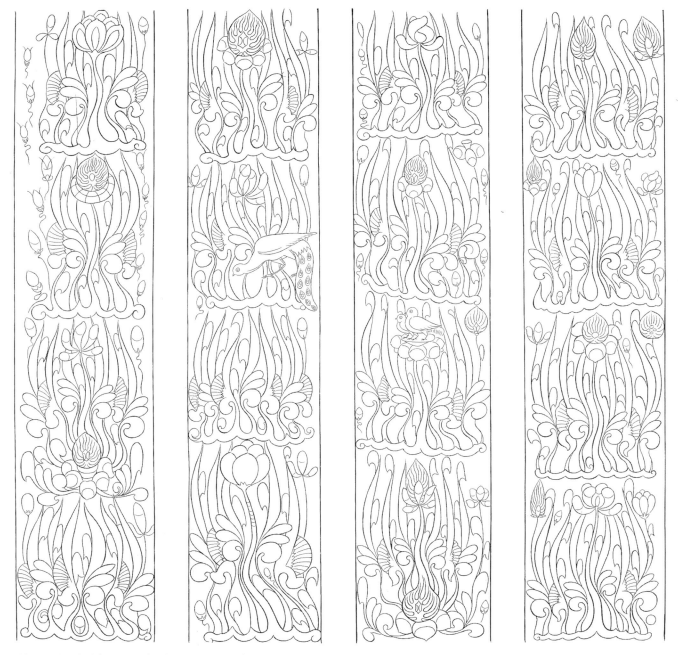

藻纹人字披　莫高窟　四二八窟　北周

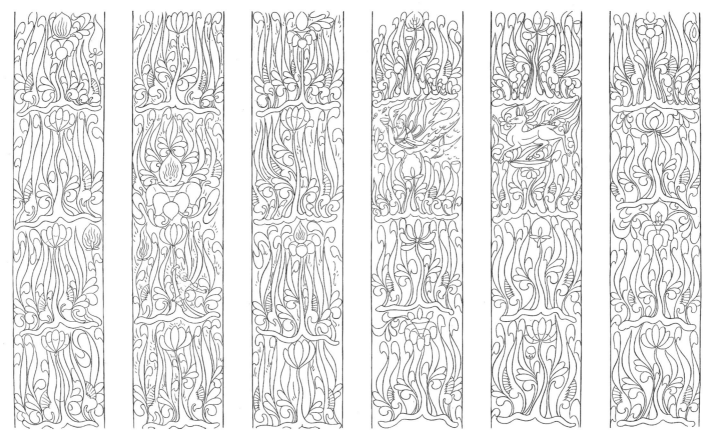

藻纹人字披　莫高窟　四二八窟　北周

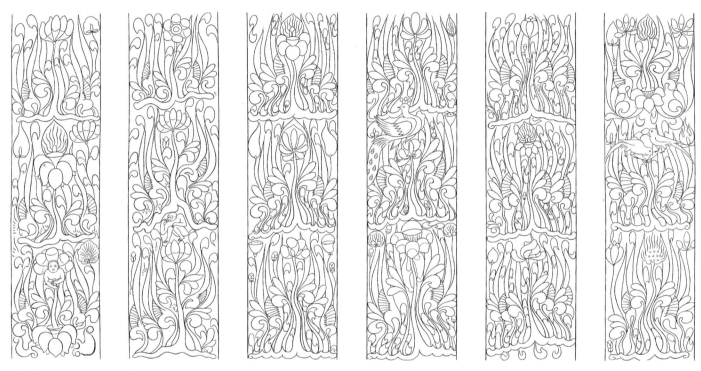

藻纹人字披　莫高窟　四二八窟　北周

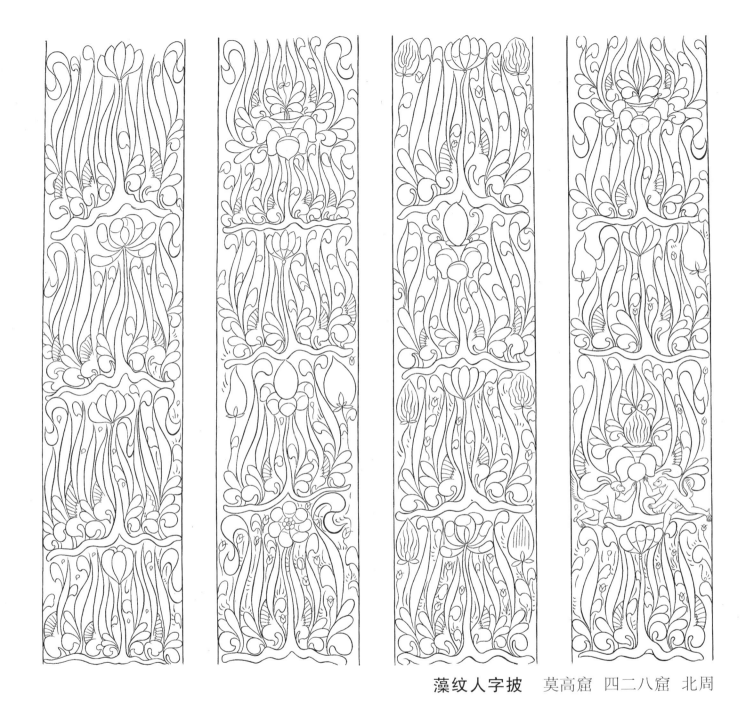

藻纹人字披　莫高窟　四二八窟　北周

双虎图案　莫高窟　四二八窟　北周

双虎图案　莫高窟　四二八窟　北周

连锁忍冬纹边饰　莫高窟　二七二窟　北凉

连锁忍冬纹边饰（局部）　莫高窟　二七二窟　北凉

忍冬纹边饰　莫高窟　二七二窟　北凉

龙纹边饰　西千佛洞　八窟　隋

连锁藻纹　西千佛洞　八窟　隋

龙纹边饰　莫高窟　四六二窟　隋

缠枝莲花纹边饰　莫高窟　四二七窟　隋

翼马连珠纹边饰 莫高窟 四〇二窟 隋

翼马连珠纹边饰（局部） 莫高窟 四〇二窟 隋

连续忍冬纹边饰 莫高窟 四二〇窟 隋

连续忍冬纹边饰 莫高窟 四二〇窟 隋

卷草纹边饰　莫高窟　三三窟　初唐

卷草纹边饰（局部）　莫高窟　三三窟　初唐

海石榴边饰　莫高窟　四六窟　初唐

海石榴边饰（局部）　莫高窟　四六窟　初唐

百花卷草纹边饰　莫高窟　三三四窟　初唐

百花卷草纹边饰（局部）　莫高窟　三三四窟　初唐

莲花纹边饰　莫高窟　三三四窟　初唐

莲花纹边饰（局部）　莫高窟　三三四窟　初唐

云头纹边饰　莫高窟　三三四窟　初唐

莲花云头纹边饰　莫高窟　三二三窟　初唐

莲花边饰　莫高窟　三三四窟　初唐

莲花边饰（局部）　莫高窟　三三四窟　初唐

卷草纹边饰　莫高窟　三二一窟　初唐

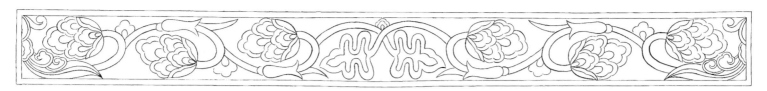

石榴花边饰　莫高窟　三八七窟　初唐

变形忍冬叶连续纹　莫高窟　三三一窟　初唐

连续花边　莫高窟　三三一窟　初唐

藻纹边饰　莫高窟　三三一窟　初唐

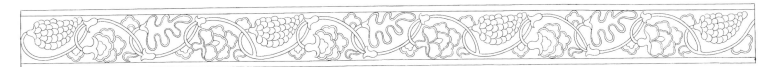

葡萄纹边饰 莫高窟 三二二窟 初唐

葡萄纹边饰（局部） 莫高窟 三二二窟 初唐

团花边饰 莫高窟 七九窟 盛唐

半团花边饰　莫高窟　七九窟　盛唐

百花卷草纹边饰　莫高窟　六六窟　盛唐

百花卷草纹边饰（局部）　莫高窟　六六窟　盛唐

团花边饰 莫高窟 一〇三窟 盛唐

团花边饰 莫高窟 四五窟 盛唐

菱格纹边饰 莫高窟 二一七窟 盛唐

团花边饰 莫高窟 三八四窟 盛唐

团花边饰（局部） 莫高窟 三八四窟 盛唐

半团花边饰 莫高窟 七九窟 盛唐

半团花边饰（局部） 莫高窟 七九窟 盛唐

缠枝连续纹边饰 莫高窟 二一七窟 盛唐

宝相花边饰 莫高窟 二一七窟 盛唐

云头纹边饰 莫高窟 三一九窟 盛唐

云头纹边饰（局部） 莫高窟 三一九窟 盛唐

蔓草忍冬纹边饰　莫高窟　三一九窟　盛唐

蔓草忍冬纹边饰（局部）　莫高窟　三一九窟　盛唐

茶花边饰　莫高窟　一九七窟　盛唐

茶花边饰（局部）　莫高窟　一九七窟　盛唐

垂角纹边饰　莫高窟　三六〇窟　中唐

卷草藤蔓纹边饰　莫高窟　二〇一窟　中唐

卷草藤蔓纹边饰（局部）　莫高窟　二〇一窟　中唐

双凤边饰　莫高窟　一九六窟　晚唐

卷草纹边饰　莫高窟　八五窟　晚唐

卷草纹边饰　莫高窟　八五窟　晚唐

卷草纹边饰　莫高窟　三六九窟　中唐

卷草纹边饰（局部）　莫高窟　三六九窟　中唐

卷草纹边饰　莫高窟　唐代

卷草纹边饰　莫高窟　唐代

卷草纹边饰　莫高窟　唐代

卷草纹边饰（局部）　莫高窟　唐代

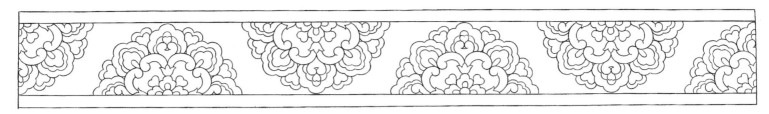

半团花边饰　莫高窟　唐代

忍冬连续纹边饰　莫高窟　唐代

忍冬连续纹边饰（局部）　莫高窟　唐代

云头纹边饰　莫高窟　唐代

团花边饰　莫高窟　一五九窟　中唐

团花边饰（局部）　莫高窟　一五九窟　中唐

卷草纹边饰　莫高窟　一四窟　晚唐

卷草纹边饰（局部）　莫高窟　一四窟　晚唐

祥禽瑞兽纹边饰　莫高窟　六一窟　五代

祥禽瑞兽纹边饰（局部）　莫高窟　六一窟　五代

回纹边饰 莫高窟 七六窟 宋

连续云头纹边饰 安西榆林窟 一四窟 宋

连续云头纹边饰（局部） 安西榆林窟 一四窟 宋

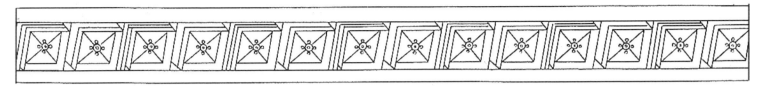

方璧边饰　莫高窟　七六窟　宋

云头十字纹边饰　莫高窟　七六窟　宋

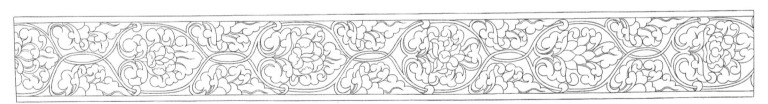

连锁藤蔓纹边饰　莫高窟　四〇九窟　西夏

三联边饰 安西榆林窟 三窟 西夏

祥禽瑞兽边饰　安西榆林窟　三窟　西夏

一剖二菱格花边饰 安西榆林窟 二窟 西夏

一剖二菱格花边饰 安西榆林窟 二窟 西夏

连珠边饰 安西榆林窟 二窟 西夏

勾勒卷草纹边饰　莫高窟　二五四窟　西夏

忍冬纹边饰　莫高窟　三三〇窟　西夏

忍冬纹边饰（局部）　莫高窟　三三〇窟　西夏

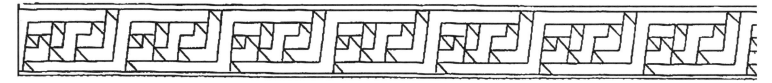

回纹边饰 安西榆林窟 二窟 西夏

回纹边饰（局部） 安西榆林窟 二窟 西夏

裹珠卷草纹边饰 莫高窟 四六五窟 元

裹珠卷草纹边饰（局部） 莫高窟 四六五窟 元

忍冬纹边饰　莫高窟　四六五窟　元

波纹卷草纹边饰　莫高窟　四六五窟　元

祥禽瑞兽卷草纹边饰　安西榆林窟　一〇窟　元

祥禽瑞兽卷草纹边饰（局部）　安西榆林窟　一〇窟　元

祥凤卷草纹边饰　安西榆林窟　一〇窟　元

祥凤卷草纹边饰（局部）　安西榆林窟　一〇窟　元

祥凤莲花边饰　安西榆林窟　一〇窟　元

回纹"天"边饰　安西榆林窟　一〇窟　元

回纹"天"边饰（局部）　安西榆林窟　一〇窟　元

回纹"王"边饰　安西榆林窟　一〇窟　元

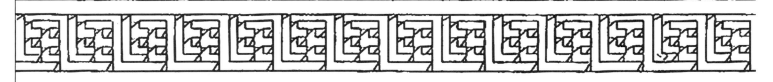

回纹"王"边饰（局部）　安西榆林窟　一〇窟　元

变形连珠纹边饰 安西榆林窟 一〇窟 元

变形连珠纹边饰（局部） 安西榆林窟 一〇窟 元

变形连珠纹边饰 安西榆林窟 一〇窟 元

变形连珠纹边饰（局部） 安西榆林窟 一〇窟 元

敦煌圆光线描图案

飞天背光　龙门石窟　北魏

53

莲花井心 莫高窟 二八五窟 西魏

莲花井心　莫高窟　四二八窟　北周

三鹿莲花井心　莫高窟　二七二窟　西凉

晕纹莲花井心　莫高窟　三九八窟　隋

晕纹化生童子井心　莫高窟　三八〇窟　隋

连珠狩猎纹饰 莫高窟 四二〇窟 隋

连珠狩猎纹饰（局部） 莫高窟 四二〇窟 隋

忍冬纹圆光　莫高窟　四二七窟　隋

忍冬纹背光　莫高窟　四〇一窟　隋

华 盖 莫高窟 六六窟 初唐

华盖（局部） 莫高窟 六六窟 初唐

莲花圆光　莫高窟　二一七窟　初唐

团花葡萄纹背光　莫高窟　四四四窟　初唐

卷草纹圆光　莫高窟　二一七窟　初唐

团花圆光 莫高窟 三二一窟 初唐

莲花圆光　莫高窟　二一七窟　初唐

莲花圆光　莫高窟　一八八窟　盛唐

莲花圆光　莫高窟　二二五窟　盛唐

莲花圆光 莫高窟 二二五窟 盛唐

茶花葡萄纹圆光　莫高窟　二二五窟　盛唐

卷草纹圆光 窟号失载 唐

卷草纹背光 窟号失载 唐

石榴花圆光　窟号失载　唐

莲花圆光 窟号失载 唐

奏乐频伽井心　莫高窟　三六〇窟　中唐

雁纹团花平棋　莫高窟　三六一窟　中唐

雁纹团花平棋（局部） 莫高窟 三六一窟 中唐

千手观音井心 莫高窟 一六一窟 晚唐

团龙井心　莫高窟　六一窟　五代

双龙井心　莫高窟　五五窟　五代

团龙井心　莫高窟　一四六窟　五代

莲花圆光　莫高窟　窟号失载　宋

金龙井心　莫高窟　七六窟　宋

金龙井心　莫高窟　二三四窟　西夏

九佛井心　安西榆林窟　一〇窟　西夏

彩晕团龙　安西榆林窟　二窟　西夏

双凤平棋圆心　安西榆林窟　一〇窟　元

龙纹莲花窟顶　莫高窟　五窟　元

群舞圆穹顶 库木吐喇石窟 四六窟 龟兹

群舞圆穹顶（局部） 库木吐喇石窟 四六窟 龟兹

群舞圆穹顶（局部） 库木吐喇石窟 四六窟 龟兹

图版说明

花絮边饰

莫高窟　二四八窟　北魏

此图以花蕊为主要表现纹样，以缠枝纹上下反转的方式将花蕊连接，表现出繁花怒放、芳香浓郁的勃勃生机。

四神边饰

莫高窟　四三一窟　北魏

这条边饰以道教的四个神祇为题材，四神分别是青龙、白虎、朱雀、玄武。这是敦煌早期佛教装饰艺术中表现道教题材的例证。边饰纹样精美，经过夸张变形的四神均以同样的体量与密度收拢于边饰的框内。

忍冬纹边饰

莫高窟　四三一窟　北魏

缠枝忍冬纹作一上一下运转，变化而向前延续。忍冬纹是早期佛教石窟中图案的重要组成元素，在莫高窟是以绘画形式出现，而在其他石窟如龙门、云岗则以石雕的形式镌刻。

忍冬纹边饰

莫高窟　二五一窟　西魏

边饰由三种纹样构成，第一种为连锁忍冬纹，第二种为规律的缠枝忍冬纹，第三种为水藻纹。边饰在石窟内延长，构成的片段反复再现。

忍冬菱格纹边饰

莫高窟　二五一窟　北魏

在敦煌早期的平棋图案中，把两种不同类型的纹饰对称、连续应用是常见的。此图便是在一条边饰中连续对接了菱格纹和忍冬纹。

忍冬菱格纹边饰

莫高窟　二五一窟　北魏

早期的边饰里，一条边饰中会出现几种不同的纹饰，用后来的设计规范来衡量，这是一种不符合要求的营造，但这一现象在北朝却很常见。

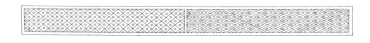

菱格纹边饰

莫高窟　二五一窟　北魏

敦煌石窟里的这类几何边饰是由当时流行的纺织纹样移植而来，常见于中亚民族的毛纺织品。从出土的衣饰中可以证实这一点，这些似乎平凡简单的纹样中，仍然倾注了画师们的创作心血。

忍冬纹边饰

莫高窟　二五一窟　北魏

这条忍冬边饰每一单元已渐趋巧变，其回转的小枝蔓是以后发展成缠枝纹的雏形，敦煌艺术中的忍冬纹自诞生起就寻求着丰富化的运作之路。

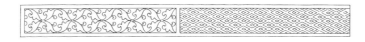
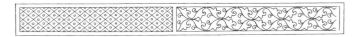

忍冬菱格纹边饰

莫高窟　四三五窟　北魏

这是两条不同纹饰对接的边饰，它们分别用了不同的菱格边饰对接了相同的忍冬纹边饰。

忍冬纹边饰

莫高窟　四三五窟　北魏

敦煌早期忍冬纹饰饱满而简单粗犷，边饰利用波纹式的流动和纹样自身的大幅度扭动，明显比同时代通常的忍冬纹密度高，初显巧变端倪。

菱格杂花边饰

莫高窟　四三一窟　北魏

用一道道弧形隔开十字碎花，给人形态复杂、繁密的错觉，似无章可循，实为规整排列，对接了右边的菱格边饰。

忍冬纹边饰

莫高窟　二八八窟　西魏

奔放的忍冬连续边饰依次展开，反转的小叶片似朵朵浪花，从上下两个方向展开。此时的边饰图案已经开始从多方着手，进行丰富化的艺术元素营造。

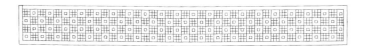

几何纹边饰

莫高窟　二八八窟　西魏

作者力求在简单的几何纹饰中寻求变化，在统一的方格中植入"口"和"井"，使之间隔行进，构成了一条丰富化的几何图案边饰。

千佛边饰

莫高窟　二九六窟　北周

千佛是佛教石窟艺术中永恒的题材，一般绘于人字披顶上和墙壁上。而这一列千佛绘于藻井的一层四条边饰上，不但有别于常见的连珠纹，也在藻井这纯建筑艺术的题材里注入了佛教的人物造型成分。

忍冬纹边饰

莫高窟　二九六窟　北周

此种形态的忍冬纹在人字披上应用得比较广泛，取材于水藻纹。纹饰中兼有多种祥禽瑞兽，这些好像在密林中隐身的生灵，活跃了图案的气氛。

忍冬几何纹边饰

莫高窟　四二八窟　北周

方格小圆花和交锁忍冬是北朝时期流行的纹样，不同于其他的是，此纹样非常工整，围绕中轴线作对称排列。

忍冬纹边饰

莫高窟　三〇三窟　隋

这条边饰叫双叶交茎连锁纹，是忍冬纹中设计最严谨的一种。叶形秀实，茎叶相互套联，内容充实。

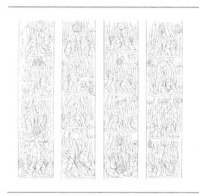

藻纹人字披

莫高窟　四二八窟　北周

此图为该窟顶椽之间图案之一。纹样组织和布局可分上下四层，均为莲花忍冬混合纹样，只是莲花的造型取自不同角度，其间绘有二鸟一孔雀的祥禽图案，从而使单纯的植物纹饰过于静态的弱点得到良好的调节，让画面更加富有生气。

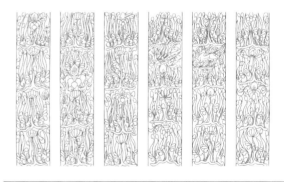

藻纹人字披

莫高窟　四二八窟　北周

屏风式的人字披图案，在其间绘以水藻式摆动向上的水生植物。藻纹之中绘以飞天、鹿等祥禽瑞兽。是北朝时期人字披的成熟之作。

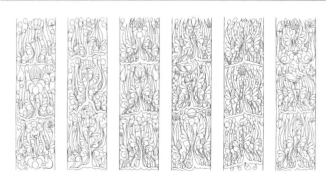

藻纹人字披

莫高窟　四二八窟　北周

此六联屏风式的人字披藻纹顶，营造得就像一片静谧的森林。其间隐约可见化生童子、猿猴、孔雀、喜鹊等，使画面生动且充满了大自然的野趣。

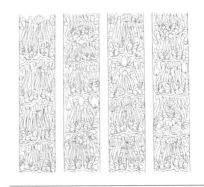

藻纹人字披

莫高窟　四二八窟　北周

水藻纹微微摆动向上，营造出静水流深的视觉效果。此类图案的均衡密度和统一的艺术效果，使之在人字披上产生了平衡的视觉作用。

双虎图案

莫高窟　四二八窟　北周

两只老虎相向而行，伸爪、吐舌的形态极其夸张而又不失装饰效果。长方形的框格内老虎周边的空白地方，填充以忍冬、莲花，使画面具有平衡感和敦煌纹饰要求的充满感。

连锁忍冬纹边饰

莫高窟　二七二窟　北凉

忍冬纹相邻套联，大叶相背，小叶相对。套联一般可以连绵不绝，像平行的轨道，又像相交的锁链。

忍冬纹边饰

莫高窟　二七二窟　北凉

两片并排的忍冬叶，上下起伏一路变化行进，形成波浪纹，构成了此边饰的主体。

龙纹边饰

西千佛洞　八窟　隋

此三条边饰均为变化的龙纹，边饰中的龙纹两两相对，营造出一条条闭合的龙纹藻井边饰。造型简单拙朴，就像远古的出土玉器，又像巧妙的现代设计。

连锁藻纹

西千佛洞　八窟　隋

就像水生植物中的水藻，顺着水的流动而轻盈摆动。奇妙的是水藻纹出现了两两闭锁的情况。

龙纹边饰

莫高窟　四六二窟　隋

这四条龙纹边饰初看一致，细看却各有不同细节。对于藻井四条边饰来说，尺寸一致、位置相对，画师完全可以用一个图形复制出其他三个，可是画师没有用这简单的画法，而是对四条边饰龙的造型进行了一番匠心独具的设计，使小小的四龙设计达到了完美的地步。

缠枝莲花纹边饰

莫高窟　四二七　隋

莲花纹作波形摆动一路延伸向前，童子化生于莲花之上。整条边饰布局繁茂，却给人以静谧之感。

翼马连珠纹边饰

莫高窟　四〇二窟　隋

连珠纹边饰以两姿态的翼马作二方连续图案，依次展开布局。这种连珠纹取材于波斯羊毛织物上的纹饰图案，在丝绸之路上进行贸易的商品，均可成为敦煌画师的艺术取材来源。

连续忍冬纹边饰

莫高窟　四二〇窟　隋

二方连续的忍冬图案，忍冬花叶作一上一下反转变形，由主枝将其一一串连，是敦煌早期忍冬纹的主要构成形式。

连续忍冬纹边饰

莫高窟　四二〇窟　隋

此图为连续图案的连珠纹，连珠内填充着忍冬花叶的基本元素。

卷草纹边饰

莫高窟　三三窟　初唐

进入隋代和初唐后，原本单一而雷同感强的忍冬花叶逐步变得形式丰富起来，每一连续边饰的基本构成变得比早期复杂了许多，构成的形式也不断多样化，并且诞生了自由花边的初级形态。

海石榴边饰

莫高窟　四六窟　初唐

初唐已经大量产生了各单位元素不同的自由花纹的边饰，比连续花纹边饰在难度和艺术水准上都大幅度地提升了，此图就是一高水平的自由边饰。

百花卷草纹边饰

莫高窟　三三四窟　初唐

初唐边饰风格多样，植物纹的变形已非常丰富。这条边饰就是围绕植物枝繁叶茂、百花绽放的意趣加以变化，一枝一叶均有动感，既生动又严谨，十分引人注目。

莲花纹边饰

莫高窟　三三四窟　初唐

以莲花云头纹为基本元素一一连续排列，构图极为工整，疏密搭配得体。

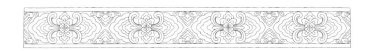

云头纹边饰

莫高窟　三三四窟　初唐

这是图案化变形的云头纹边饰，以连续方式排列，花形中部像花，左右两边是云头纹。

莲花云头纹边饰

莫高窟　三二三窟　初唐

此边饰构图别致，将云头纹进行组合、套联，结构严谨而充满了新意。

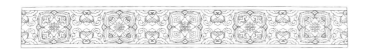

莲花边饰

莫高窟　三三四窟　初唐

纹饰华丽庄重而成熟，此时的敦煌图案艺术已经开启了通往艺术盛世之路。

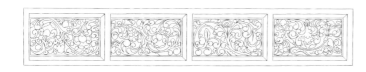

卷草纹边饰

莫高窟　三二一窟　初唐

这是一组用卷草纹装饰"雕栏玉砌"的自由花边，每一格的长方形空间一致，但每组框内卷草纹的构成却不尽相同，变化千姿百态。

石榴花边饰

莫高窟　三八七窟　初唐

这是一组中心对称的石榴花边饰，中心双叶相交，向两边对称展开，平稳而活泼。

变形忍冬叶连续纹

莫高窟　三三一窟　初唐

这是一条由传统忍冬纹演变而来的边饰。到了初唐，简单、呆板的忍冬纹饰无法满足整体文化艺术的上升需要，故在壁画方面出现了很多创新的花式。

连续花边

莫高窟　三三一窟　初唐

边饰中三个图形为一组，上下变化着位置进行着二方连续的推进。以云头纹构成的每个单元基本花形，庄重、饱满而不失活泼。

藻纹边饰

莫高窟　三三一窟　初唐

藻纹与云头纹共同构成这一边饰，艺术的高妙就在于夸张而不失真，就像此边饰中的藻纹，虽被置于框中，仍然像活灵活现的水生植物似的摇曳生姿。

葡萄纹边饰

莫高窟　三二二窟　初唐

葡萄是丝绸之路沿线各国和各种宗教艺术中喜闻乐见的题材，此图以二方连续的形式，二花一叶或二花一果的搭配方式，逐步向前推进，充满了异域风情。

团花边饰

莫高窟　七九窟　盛唐

团花边饰排布饱满，以一整二剖的布局依次展开。

半团花边饰

莫高窟　七九窟　盛唐

这是藻井一周边饰里的一条，花形均为半花，花形十分饱满，在层层向内反转中有着盛唐的华贵气及花形的立体感。

百花卷草纹边饰

莫高窟　六六窟　盛唐

这条边饰的花纹自由编排，纹饰中无规律可循，各种花形展示了正面、侧面、背面丰富多变的形态。

团花边饰

莫高窟　一〇三窟　盛唐

团花边饰作一整二剖排列，半团花和团花是完全一致的图形构成，整条边饰稳重华丽。

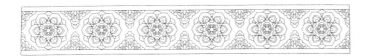

团花边饰

莫高窟　四五窟　盛唐

边饰以团花排列，作一整二剖布局，整体协调严密。

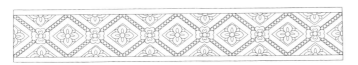

菱格纹边饰

莫高窟　二一七窟　盛唐

以菱形的几何纹样连续构成边饰的主体，中心分别绘小莲花纹和小花花纹。边饰的上下两边排列着一整二剖的半莲花，形成了主次有致的布局。

团花边饰

莫高窟　三八四窟　盛唐

唐代的团花边饰大都以一整二剖的形式展开布局，一般分为两种：一种是团花一剖二，另一种是相关花一剖二。这组边饰的团花和一剖二的花是相关花形。

半团花边饰

莫高窟　七九窟　盛唐

这组半团花边饰是一剖二花形的相关花形，两半花交错相对，而相对花形大小及轮廓相同，但花形不同，也就是整条边饰是两种半团花构成。

缠枝连续纹边饰

莫高窟　二一七窟　盛唐

这条边饰显得活泼轻快，因形造势、不拘一格，在形象和态势上都是上乘之作。

宝相花边饰

莫高窟　二一七窟　盛唐

这是一条图形密度很高的边饰，花团锦簇的团花为主体，一剖二围拱着十字半团花，整个边饰显得雍容华贵。

云头纹边饰

莫高窟　三一九窟　盛唐

窄窄的云头纹边饰一般用在复杂的团花边与自由花边之间，对两条精彩的边饰起到缓冲和过渡作用。

蔓草忍冬纹边饰

莫高窟　三一九窟　盛唐

从敦煌早期北朝的单叶反转忍冬纹饰渐渐发展到花形复杂、蔓枝带蕾的全方位艺术构成。

茶花边饰

莫高窟　一九七窟　盛唐

相同的波浪幅度中生长着相似的茶花，每一组茶花密度均衡，在争奇斗艳中散发出欣欣向荣的气息。

垂角纹边饰

莫高窟　三六〇窟　中唐

垂角纹是藻井由平面部分转向立面的第一部分过渡构图，就像今天窗帘上的挂钩，下面挂帷幔。一般为三角形内饰花纹。

卷草藤蔓纹边饰

莫高窟　二〇一窟　中唐

繁花盛开的卷草纹处处精彩纷呈，枝蔓的波峰之下与波谷之上营造出一处处创作的浪花。每一片段中花叶以正面、侧面、反面不断地运转以示处处不同，精彩纷呈。

双凤边饰

莫高窟　一九六窟　晚唐

这是画在佛光中的图案，花枝作波状布局，花叶、花枝似云纹，因此衔花的双凤好像飞翔在云气之中。

卷草纹边饰

莫高窟　八五窟　晚唐

以上两条卷草纹边饰形如小河，花纹如浪花奔流不止。花形上下交替反转，众多的构成因素可以使这条"小河"奔流到很远。

卷草纹边饰

莫高窟　三六九窟　中唐

一旦一种艺术形式成熟，这种艺术就要在比较长的一个时期展示它的成果，精彩的卷草纹就是如此，它在比较长的一个时期成为边饰的主流题材。

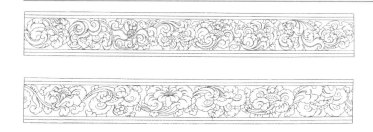

卷草纹边饰

莫高窟　唐代

边饰中各朵卷草或向上，或向下，或向前，或向后，在延伸的同时处处营造着不同的艺术形象。

卷草纹边饰

莫高窟　唐代

这条边饰应该是初唐忍冬纹饰的变形，初步变异成卷草纹，花叶和枝蔓都稍稍开始多样化、复杂化。

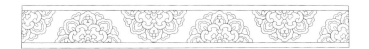

半团花边饰

莫高窟　唐代

这是一条规整的半团花边饰。相对、相邻的两个半团花为一组，在大小、纹饰、方向上完全相同，就形成完全规则的二方连续图案。

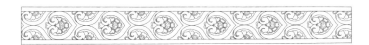

忍冬连续纹边饰

莫高窟　唐代

这是一种视觉上有方向性的一整二剖忍冬纹边饰，中间为莲花、忍冬、云头纹，一一延续排列。

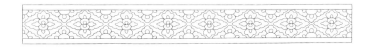

云头纹边饰

莫高窟　唐代

十字云头纹一整二剖连续排列，构图模式明快简单。

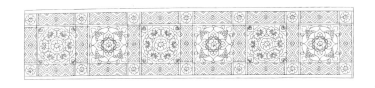

团花边饰

莫高窟　一五九窟　中唐

菱格纹营造出的方框中绘入栀子团花与葡萄纹团花，两团花交替循环出现，形成二方连续图案。

卷草纹边饰

莫高窟　一四窟　晚唐

四条花边均为自由边饰，到了晚唐敦煌壁画虽然走向了程式化的衰退之路，但边饰艺术在盛唐的基础上仍然向前发展。这些边饰的卷草纹枝蔓已隐藏不见了，更多的是开放的花朵，仿佛是花的罗列，但又有卷草的形式。

祥禽瑞兽纹边饰

莫高窟　六一窟　五代

要把一种纹饰以自由边饰的方式罗列出更多，那就要在不破坏整体性的前题下对边饰中的次要部分进行花形的局部改动。这是以一种简单的方式得到不同的或相近的自由边饰的技巧。

回纹边饰

莫高窟　七六窟　宋

回纹是边饰艺术中用几何纹饰表现立体感的形式，在大面积的各种边饰堆砌中，起到分割或衔接作用。其视觉上直角转折较多，故形象地称之为回纹。

连续云头纹边饰

安西榆林窟　一四窟　宋

此边饰以连续的云头纹展开构图，纹饰饱满，采用了满铺不漏的艺术手法。纹饰构图上采用了上下相互咬合的荷花花苞形忍冬图纹。

方璧边饰

莫高窟　七六窟　宋

这是二方连续的琉璃图案，在壁画中有一些图案可以直接用来表现建筑物的质感，或作为两个不同区域的隔离带来用。

云头十字纹边饰

莫高窟　七六窟　宋

横向中线上排列的十字花云头纹是纹饰中的主体，又将其一剖为二分别对接到上下边线上，便构成了这一整二剖的十字花云头纹边饰。

连锁藤蔓纹边饰

莫高窟　四〇九窟　西夏

这是两条平行的交颈缠枝卷草纹。在经历了唐代边饰艺术的繁荣之后，五代、宋渐趋平淡，到了西夏边饰艺术一改前朝风范独辟蹊径。

三联边饰

安西榆林窟　三窟　西夏

这三种边饰从结构上来说是方中有圆，圆中有方。上一条边饰在一整二剖圆环纹间插入了各式十字花纹和半十字花纹；中层为二方连续的波状缠枝花纹；下层是菱格半团花纹。

祥禽瑞兽边饰

安西榆林窟　三窟　西夏

龙、凤、马、狮乘云驾雾飞入牡丹花丛中。在古代尤其是古代少数民族的艺术中常用生动的动物纹饰来增强气氛，而龙和凤又意味着对皇权的尊崇。

一剖二菱格花边饰

安西榆林窟　二窟　西夏

画师用绘制的方式取代了几何菱格纹，并且将这菱格纹饰一剖为二，形成了一整二剖的连续边饰。

一剖二菱格花边饰

安西榆林窟　二窟　西夏

与上图比较这条边饰是标准的一整二剖菱格十字花边饰。

连珠边饰

安西榆林窟　二窟　西夏

小团花入圆环形成了连珠纹的基本元素，再由此一剖为二，对接在纹饰的边线上一直延续。

勾勒卷草纹边饰

莫高窟　二五四窟　西夏

在单一底色上以线描的方式构成一条卷草纹形态的边饰，西夏清冷简淡风格再一次得到了体现。

忍冬纹边饰

莫高窟　三三〇窟　西夏

忍冬云头纹的上下波动，形成了一条线描式的连续边饰。其结构简单而规整。

回纹边饰

安西榆林窟　二窟　西夏

回纹的样式是多种多样的，但其结构的共性有：呈视觉上的立体效果，转角处为九十度，以连续图案方式依次展开布局。

裹珠卷草纹边饰

莫高窟　四六五窟　元

在波状纹中嵌上宝珠，以似叶如云的波纹上下卷曲，使纹饰显得丰富饱满。这是十二世纪藏传佛教艺术传入敦煌后出现的新的表现形式。

忍冬纹边饰

莫高窟　四六五窟　元

这个边饰源于早期的忍冬纹，并加强了横向卷曲效果，产生了一气呵成的动感。

波纹卷草纹边饰

莫高窟　四六五窟　元

这种像云彩，像旋涡，像充满了生机的植物梢蔓，又像汉代漆器上的线描装饰的纹样，是藏传佛教艺术带来的新样式。

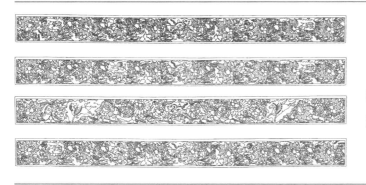

祥禽瑞兽卷草纹边饰

安西榆林窟　一〇窟　元

复杂的高密度卷草纹饰，平铺向前营造，没有枝蔓的上下波动。边饰中隐藏着奔跑的动物如飞象、狮子、龙、飞马等，形象生动、神态逼真。

祥凤卷草纹边饰

安西榆林窟　一〇窟　元

精美的卷草纹边饰中绘有凤鸟起舞、莲花盛开，这是经岁月锤炼后创作者绘制出的精美纹饰。

祥凤莲花边饰

安西榆林窟 一〇窟 元

元代是敦煌艺术创作的晚期，边饰艺术的创作也进入了晚期，但这两条祥凤莲花边饰经过画师的精心创作与绘制仍显露出纹样新颖、布局丰富的盛唐艺术的效果。

回纹"天""王"边饰

安西榆林窟 一〇窟 元

这两条回纹边饰，是具有立体感的"天""王"二字，都是一幅大型藻井中的内容。佛教艺术中回纹出现的地方很多，但把文字构成图案的并不多见，并且"天"和"王"两个字还构成了一个词组"天王"。

变形连珠纹边饰

安西榆林窟 一〇窟 元

在敦煌艺术的边饰中，以工艺复杂、内容丰富、变幻无穷的边饰为上乘之作。很多造型单一、连续排列的"克隆"式边饰作用为次要的"隔离带"，但这些次要的纹样也可以分出精品和一般之作。这两条变形连珠纹边饰，其构图严密、结构紧凑、设计新颖，是连续图案中的上品。

飞天背光

龙门石窟　北魏

此图不是北魏莫高窟的圆光，而是同时期洛阳龙门石窟中一尊大佛的石刻圆光，它竟然与莫高窟二八五窟西魏时期的飞天图共用一幅画稿。丝绸之路上的佛教艺术，也存在艺术元素共享和时代风格相近的特点。此图空中的飞天围绕着化现的重瓣莲花奏乐飞舞，其外有连珠纹、叠贝纹、垂角纹等。

莲花井心

莫高窟　二八五窟　西魏

莲蓬出水于七宝池中，双层浪花围绕其外。在现代设计中常将这九转水纹作为吉祥图案来运用，效果也十分理想，比如2008年北京奥运会"祥云"纹饰便取材于此。

莲花井心

莫高窟　四二八窟　北周

圆形莲花呈放射状展开，层次分明。莲花出污泥而不染，在佛教中是圣洁的象征，是被长久歌颂的题材，在佛教石窟中有众多的穹顶、藻井的中心图案都用莲花作主题。

三鹿莲花井心

莫高窟　二七二窟　西凉

三鹿呈首尾相连的相互追逐状，外蹬圆轮，外围是八瓣莲花双叠。三鹿共用三只耳朵，但视觉上每头鹿都有两只耳朵。鹿是佛教中的吉祥物，在佛教本生故事中有一则《九色鹿》讲述的便是佛祖前世中的一世转世为鹿慈悲救人的故事。

晕纹莲花井心

莫高窟　三九八窟　隋

内环井心是呈逆时针方向运转的莲花心，外围是重瓣莲花。此设计内紧外松，极有中心标志感。

晕纹化生童子井心

莫高窟　三八〇窟　隋

中心的莲花童子结跏趺坐于莲花上，中层为放射状晕纹。佛经中说极乐世界中的童子是从莲花中化生的，童子被罩在光环之中神圣而庄严，外围是另一种晕纹，起到了装饰作用。

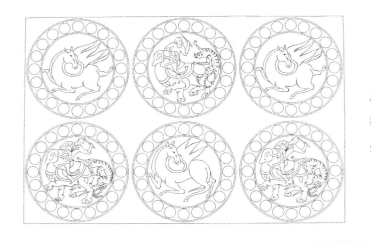

连珠狩猎纹饰

莫高窟　四二〇窟　隋

图形以四方连续方式展开，为翼马与狩猎图，雄健的翼马后顾奔跑。猎手骑象，棒打一扑向象背的猛虎，展现出生活中狩猎的紧张画面。圆形图案本身就是连珠纹，而每一大连珠纹外套一圈小连珠纹。连珠纹是西域少数民族常用的装饰图形。

忍冬纹圆光

莫高窟　四二七窟　隋

圆光是佛菩萨和佛弟子等头上散发出的灵光。圆光是佛教中圆形图案设计最为多样化、最为集中的题材，它最早诞生于地中海沿岸的希腊诸神头像上，后被印度教引用，又被佛教沿用。它最精彩、最集中地被表现在敦煌石窟的诸佛与诸菩萨的头像上，代表了智慧、神圣与庄严。

忍冬纹背光

莫高窟　四〇一窟　隋

背光是指佛、菩萨背后射出的灵光。此背光图案饰以精美的各式忍冬纹样，从而体现了圆光、背光从北朝质朴的风格向唐代华美风格的过渡。而蛋形背光在套叠层次上本身难度高于圆形和椭圆形。

华　盖

莫高窟　六六窟　初唐

椭圆华盖中心是一个叠加的小华盖，和其外围的大华盖同一方向转动，仿佛是天体的运行轨迹，体现了古代画师的匠心独运。此图稿作为装饰设计稿，被巧妙地运用于北京人民大会堂主会议厅的天花板图案中。

华盖（局部）

莫高窟　六六窟　初唐

此图为上图大华盖中心的小华盖，以圆形旋转方式层层构图。

莲花圆光

莫高窟　二一七窟　初唐

此圆光的纹样精美细致，由一周连续图案组成。边饰分为内外三层，内层为盛开的莲花，中层为云头纹连续图案，外层为一整二剖小团花连续图案。整图典雅而规整。

团花葡萄纹背光

莫高窟　四四四窟　初唐

　　整幅背光就是一铺大团花，对称纹饰繁盛而热烈，带给观者的是美的享受和视觉震撼。

卷草纹圆光

莫高窟　二一七窟　初唐

　　此圆光有内外两层，内层纹饰为对称图形，外层的缠枝卷草纹在进程中不断求变化。纹样整齐美丽、描绘细腻，有富丽堂皇之感。

团花圆光

莫高窟　三二一窟　初唐

　　圆光中央绘一团花，团花外围绕着一周石榴花，最外围是一周连续图案的小团花。

莲花圆光

莫高窟　二一七窟　初唐

此图内层并非二方连续的对称图案，但视觉上却感觉是完全对称的，做到了纹饰的相对均衡。外层的云头纹是一正一反的完全对称连续图案。

莲花圆光

莫高窟　一八八窟　盛唐

圆光内开放着莲花，外圈是一周热烈开放的茶花，以缠枝纹环接，显得热烈奔放。

莲花圆光

莫高窟　二二五窟　盛唐

此圆光分为内层纹饰和外层纹饰，内层是一朵开放的大莲花，简略而大方。外层是一周自由花边的栀子花，初看每朵花的纹饰相同，实为朵朵不同，边饰华丽而又形制整齐。

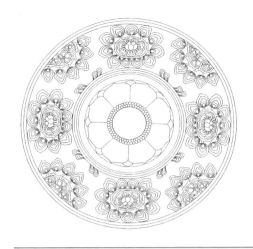

莲花圆光

莫高窟　二二五窟　盛唐

一朵大莲花开放在圆光中央，外圈上下左右分布着四朵茶花，每朵茶花都有一圈花叶围绕着，相邻处是同样花叶围绕着，只是中心花形变成了三朵小花。整个纹饰简练而平衡。

茶花葡萄纹圆光

莫高窟　二二五窟　盛唐

以莲花为中心，以自由花边的栀子花纹为外圈纹饰，奔放行进的纹饰不求对称平衡，但给人以毫不错乱的感觉。

卷草纹圆光

窟号失载　唐

圆光中心莲花开放，外圈纹饰显得异常活跃，卷草纹以自由边饰的特点起伏行进着。

卷草纹背光

窟号失载　唐

这是一幅三层纹饰背光，内层是开放的莲花，中层是自由花边的茶花，外层是起伏的卷草，其运行方式奔放、热烈。

石榴花圆光

窟号失载　唐

此幅圆光就是一个大团花，整幅圆光的纹饰都由各式石榴花以不同的排列组合构成，有的向心，有的离心，有的相互穿插，其目的是把图形布局得平衡且疏密有致。

莲花圆光

窟号失载　唐

圆光运用了完全对称的布局，内层是开放的莲花，中层是连续的桃形云头纹，外层是连续排列的小团花。整幅圆光设计工整，由内往外层层推进。

奏乐频伽井心

莫高窟　三六〇窟　中唐

井心中央是载歌载舞弹唱的灵鸟迦陵频迦。从中唐开始藻井的样式渐趋多元化，逐步出现龙、凤、化生童子、迦陵频迦等生动造型。

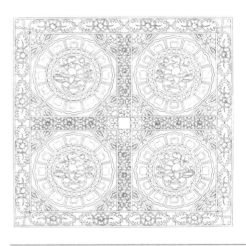

雁纹团花平棋

莫高窟　三六一窟　中唐

四雁相对，口衔花串于莲花中心。四角为菱格纹，并以一整二剖的茶花连续边饰隔开四雁。四周再以展开双叶的茶花连续边饰作封闭收口。设计整齐，不多的元素都得到了充分的发挥。

千手观音井心

莫高窟　一六一窟　晚唐

千手千眼观音菩萨的千手以圆形作背景排布，层层布局中呈放射状。观音菩萨结跏趺坐于莲花座上，千手自然成为背光，下部莲花的圆弧设计与千手对接，形成一个规矩的圆形。这高妙的创意在藻井艺术中并不多见。

团龙井心

莫高窟　六一窟　五代

在唐代以后的敦煌藻井中，较多采用了团龙井心。龙是华夏民族的图腾，在这里与象征佛教文化的莲花结合在一起，也说明唐以后中国文化和佛教进一步地融合了。

双龙井心

莫高窟　五五窟　五代

中心为双龙戏珠，中层是一周连珠纹，外层是一圈向内翻转的莲花瓣，双龙腾跃于一莲心中是这一时代不多见的图形。

团龙井心

莫高窟　一四六窟　五代

翻转花瓣的莲花中心是一条团龙，其外是云头纹花形构成的花环。是这一时期常见的莲花团龙图案。

莲花圆光

莫高窟　窟号失载　宋

作者以华盖的造型设计了这幅圆光，中心是开放的莲花，其外是一圈茶花，最外层是垂角纹、璎珞、垂幔，图案以顺时针方向旋转，动感十足。

金龙井心

莫高窟　七六窟　宋

团龙戏珠于莲花之中，花瓣有规律地翻转着，这种题材成为这一时期的流行内容，这种设计也成为这一时期的标准设计。

金龙井心

莫高窟　二三四窟　西夏

团龙腾空吞吐宝珠，其外是逆时针转动的云头纹，最外层是一圈云头纹花环。

九佛井心

安西榆林窟　一〇窟　西夏

这是一幅带有浓厚佛教色彩的圆形图，是九品往生的简化形式。中央为阿弥陀佛，周围的八佛呈八瓣莲花形布局，在敦煌壁画中，这是西夏、元代才有的题材。

彩晕团龙

安西榆林窟　二窟　西夏

团龙在云中张牙舞爪，威武异常。其外围是顺时针运行的晕纹，给人以视觉上的动感。

双凤平棋圆心

安西榆林窟　一〇窟　元

中心是一对追逐飞翔的凤凰，其外圆环是叠层晕纹，似有游离的动感，这种设计也是敦煌艺术中绝无仅有的。

龙纹莲花窟顶

莫高窟　五窟　元

窟顶为圆顶，故而顶上设计绘制华盖。围绕着中心莲花部分巧妙地设计了锐角旋转纹，仿佛有旋转向上的动感。中层绘有七龙吞吐火珠。下垂珠链、璎珞、帷幔。

群舞圆穹顶

库木吐喇石窟　四六窟　龟兹

新疆的库木吐喇石窟最早开凿于中原政权的西晋时期，位于现在的库车县境内。此窟开凿于初唐时期，窟顶是西域流行的圆穹式顶，设计精美，是罕见的艺术珍品。由于地域不同，人物形象迥异于莫高窟壁画。十三位菩萨依次排列踏舞于莲花座上，神态各异、体型优美，均一副中亚人长相。作品深受拜占庭艺术影响。

群舞圆穹顶（局部）

库木吐喇石窟　四六窟　龟兹

全图是一幅开放的大莲花，围绕着花心的是一周晕纹，外层是层层排列的莲花瓣，有着富丽堂皇的气势。

敦煌圆光彩色图案

忍冬纹背光　莫高窟　四〇一窟　隋

华 盖 莫高窟 六六窟 初唐

莲花圆光　莫高窟　二一七窟　初唐

团花葡萄纹圆光　莫高窟　四四四窟　初唐

茶花葡萄纹圆光　莫高窟　二二五窟　盛唐

卷草纹圆光　窟号失载　唐

石榴花圆光　窟号失载　唐

莲花圆光　窟号失载　唐

奏乐频伽井心　莫高窟　三六〇窟　中唐

莲花圆光　莫高窟　窟号失载　宋

双凤平棋圆心 安西榆林窟 一〇窟 元

龙纹莲花窟顶　莫高窟　五窟　元

群舞圆穹顶　库木吐喇石窟　四六窟　龟兹

群舞圆穹顶（局部） 库木吐喇石窟 四六窟 龟兹